TABLEAUX

ET

DESSINS MODERNES

EXPOSITION

Le Dimanche 10 Mars 1861.

VENTE

Le Lundi 11 Mars 1861.

Me ESCRIBE, Commissaire-Priseur.

M. FRANCIS PETIT, Expert.

RENOU ET MAULDE

IMPRIMEURS DE LA COMPAGNIE DES COMMISSAIRES-PRISEURS

Rue de Rivoli, 144.

CATALOGUE

DE

TABLEAUX

ET

DESSINS MODERNES

DONT LA VENTE AURA LIEU

HOTEL DROUOT

SALLE N° 1

Le Lundi 11 Mars 1861

A 2 HEURES PRÉCISES

EXPOSITION

Le Dimanche 10 Mars 1861, de une heure à cinq heures.

Commissaire-Priseur, Mᵉ **ESCRIBE**, rue Saint-Honoré, 217 ;

Expert, **M. FRANCIS PETIT**, rue de Provence, 43.

1861

CONDITIONS DE LA VENTE.

Elle sera faite au comptant.

Les Acquéreurs paieront CINQ pour CENT en sus du prix d'adjudication, applicables aux frais de la vente.

DÉSIGNATION

des

TABLEAUX

BARON

1 — Propos galants.

H. 27 c. L. 19 c.

BONINGTON

2 — Un bassin du port de Boulogne.

H. 35 c. L. 42 c.

BONVIN

3 — Paysanne filant au rouet.

H. 41 c. L. 33 c.

BRISSOT

4 — Paysage et animaux.

H. 36 c. L. 62 c.

CHAVET

5 — Rêverie.

H. 14 c. L. 11 c.

COROT

6 — Paysage. Effet du soir.

H. 21 c. L. 35 c.

7 — Bords d'un lac.

H. 41 c. L. 55 c.

DAUBIGNY

8 — Sortie de bois.

H. 16 c. L. 25 c.

DECAMPS

9 — Intérieur de Port.

H. 40 c. L. 55 c.

10 — Paysage.

H. 31 c. L. 40 c.

11 — Chasseurs.

H. 33 c. L. 52 c.

DEVEDEUX

12 — La Toilette au sérail.

H. 65 c. L. 54 c.

13 — Turc fumant.

H. 65 c. L. 53 c.

DIAZ

14 — Baigneuses.

H. 39 c. L. 55 c.

15 — Un Kiosque turc.

H. 30 c. L. 28 c.

16 — Intérieur de forêt.

H, 46 c. L. 38 c.

17 — Baigneuse vue de dos.

H. 21 c. L. 15 c.

18 — Forêt de Fontainebleau.

H. 23 c. L. 31 c.

19 — Effet de soleil couchant. La Rentrée du trou-
    peau.

H. 24 c. L. 43 c.

20 — Vénus et les Amours.

H. 38 c. L. 25 c.

21 — Chemin traversant un bois.

H. 24 c. L. 38 c.

22 — Mare au milieu d'une forêt.

H. 31 c. L. 41 c.

23 — Paysage d'Orient.

H. 22 c, L. 30 c.

DUPRÉ (JULES)

24 — Les Saules.

H. 22 c. L. 27 c.

DUVIEUX

25 — Constantinople.

H. 26 c. L. 35 c.

26 — Kiosque turc.

H. 20 c. L. 31 c.

27 — Constantinople.

H. 17 c. L. 28 c.

GUDIN

28 — Marine. Soleil couchant.

H. 41 c. L. 51 c.

29 — Après la tempête. Marine.

H. 37 c. L. 56 c.

GUILLEMIN

30 — Une Fête de village.

H. 30 c. L. 36 c.

HERBSTHOFFER

31 — Le Camp des assiégés.

H. 43 c. L. 54 c.

HOFER (D'APRÈS COUTURE)

32 — La Prière du soir.

H. 35 c. L. 27 c.

ISABEY

33 — Marine.

H. 24 c. L. 33 c.

34 — Marine. Gros temps.

H. 35 c. L. 60 c.

35 — Suite d'un naufrage.

H. 65 c. L. 80 c.

JACQUE

36 — Cour de ferme.

H. 24 L. c. 33 c.

JEANRON

37 — La Malaria.

H. 38 c. L. 38 c.

JONGKIND

38 — Vue d'Amsterdam.

H. 42 c. L. 56 c.

LAFON

39 — Jeune Femme à sa toilette.

H. 18 c. L. 15 c.

LAMBINET

40 — Vallée de Chevreuse. Effet de matin.

H. 53 c. L. 84 c.

LEGENTILE

41 — Intérieur breton.

H. 41 c. D. 62 c.

LEPOITTEVIN

42 — La petite pourvoyeuse.

H. 37 c. L. 27 c.

MARILHAT

43 — Paysage d'Italie.

H. 54 c. L. 67 c.

44 — Mare à la lisière d'un bois.

H. 54 c. L. 46 c.

45 — Paysage. Étude d'après nature.

H. 40 c. L. 49 c.

BÉNÉDICT MASSON

46 — Famille romaine en voyage.

H. 54 c. L. 64 c.

47 — Maison italienne.

H. 72 c. L. 56 c.

MERCEY (FRÉDÉRIC DE)

48 — Environs de Trouville.

H. 45 c. L. 70 c.

49 — Environs de Trouville.

H. 45 c. L. 70 c.

MONGINOT

50 — Singe jouant avec des fruits.

H. 92 c. L. 72 c.

NOEL (JULES)

51 — Paysage. Le Retour du marché.

H. 85 c. L. 62 c.

52 — Plage de Bretagne.

H. 47 c. L. 63 c.

53 — Paysage.

H. 17 c. L. 27 c.

PALIZZI

54 — Berger napolitain.

H. 55 c. L. 38 c.

PASINI

55 — Halte d'une caravanne au soir.

H. 40 c. L. 59 c.

ROQUEPLAN

56 — Paysage des environs de Paris.

H. 44 c. L. 71 c.

ROUSSEAU (PHILIPPE)

57 — Le Rat de ville et le Rat des champs.

H. 59 c. L. 74 c.

ROUSSEAU (PHILIPPE)

58 — Whiskiki suspendu à une branche de figuier.

H. 47 c. L. 33 c.

59 — Chasse au marais. Effet du soir.

H. 30 c. L. 46 c.

60 — Cour de ferme en Suisse.

H. 41 c. L. 32 c.

61 — Intérieur de ferme à Quimper.

H. 41 c. L. 32 c.

62 — Chien gardant du gibier.

H. 25 c. L. 33 c.

63 — Coin de basse-cour.

H. 17 c. L. 26 c.

TRAYER

64 — La Convalescence.

H. 65 c. L. 55 c.

VAN SCHENDEL

65 — Vue de la Meuse. Effet de lune.

H. 54 c. L. 69 c.

VERLAT

66 — Déception.

H. 45 c. L. 05 c.

HORACE VERNET

67 — Cheval arabe couvert d'une selle.

H. 18 c. L. 16 c.

ZIEM

68 — Venise. La place Saint-Marc, vue de la mer.

H. 80 c. L. 53 c.

DESSINS

BEAUMONT (ÉDOUARD DE

69 — La Promenade en traineau.

(Aquarelle.)

70 — Gamme de tons.

(Aquarelle.)

71 — Le sourire de Pandor.

(Aquarelle.)

72 — Il allume son flambeau !

(Aquarelle.)

73 — Feu partout !

(Aquarelle.)

BEAUMONT (ÉDOUARD DE)

74 — Liquidation de fin de mois.

(Aquarelle.)

75 — La recherche de la paternité.

(Aquarelle.)

76 — La Sortie du bal.

(Aquarelle.)

77 — Baigneuses.

(Aquarelle.)

78 — Les Indiscrets.

(Aquarelle.)

79 — Vendu au pouvoir !

(Aquarelle.)

80 — Mécontent du gouvernement.

(Aquarelle.)

81 — Croquis.

(Trois dessins.)

BELLANGÉ

82 — Soldat d'Afrique.

(Aquarelle.)

83 — Attaque du Teniah de Mouzaya, par les zouaves et les tirailleurs de Vincennes.

(Grande aquarelle.)

BOUCHER

84 — L'Adoration des bergers.

(Dessin rehaussé.)

CABAT

85 — Le Pont.

(Aquarelle.)

DAUZATS

86 — Vue prise à Marseille.

(Aquarelle.)

DECAMPS

87 — Chasse.

(Dessin rehaussé.)

DORCY

88 — Têtes de jeunes filles.

(Trois dessins.)

FROMENT

89 — Frise pour une décoration de boudoir.

(Dessin à la sanguine.)

LEICKERT

90 — Plage de Scheveningue.

(Aquarelle.)

MARSAUD

91 — Intérieur rustique.

(Aquarelle.)

MIDY

92 — Les deux sœurs.

(Aquarelle.)

93 — Le Repos au bois.

(Aquarelle.)

OUVRIÉ (JUSTIN)

94 — Vue de ville.

(Aquarelle.)

SCHOUMAN

95 — Volatilles dans un parc.

(Aquarelle.)

SOULÈS

96 — Hôtel-de-ville de Tréport.

(Aquarelle.)

TESSON

97 — Entrée de village.

(Aquarelle.)

98 — Ville d'Orient.

(Aquarelle.)

VERTEN

99 — Une rue d'Utrecht.

(Aquarelle.)

Renou et Maulde , imprimeurs de la Compagnie des Commissaires-Priseurs,
rue de Rivoli, 144.   1146

www.ingramcontent.com/pod-product-compliance
Lightning Source LLC
LaVergne TN
LVHW020900200726
843508LV00003B/1272